TOUTE LA VÉRITÉ

SUR

LE GÉNERAL CAVAIGNAC

PAR

RAFAËL PELEZ.

Avec Portrait du Général.

> « C'est après la victoire, un peuple qui se venge ;
> » Le siècle en a menti ; jamais l'homme ne change :
> » Toujours ou victime ou bourreau !!! »
>
> A. DE LAMARTINE.

PARIS.

LOUIS LÉVY, LIBRAIRE-ÉDITEUR,

PLACE DE LA BOURSE.

1848

PREMIÈRE PARTIE.

———

« . . . .
. . . . Le *Mémorial bordelais*, commentant les paroles prononcées par moi dans l'Assemblée nationale du samedi 2 septembre, a cru utile aux opinions qu'il représente d'ouvrir ses colonnes à une imputation depuis longtemps repoussée sur la vie politique de mon père.

» Sa publication a été reproduite avec un empressement facile à comprendre de la part des feuilles périodiques qui ne veulent pas qu'on se déclare l'ennemi irréconciliable de ceux qui travaillent au renversement de la République.

» Ma réponse actuelle consistera dans la simple publication des pièces suivantes :

» 1° Extrait du procès-verbal de la séance de la Con-
» vention nationale du 15 prairial an III. (Président,
» Mathieu.)

» Après avoir donné connaissance des pièces relatives
» aux dénonciations portées contre des membres de la
« Convention, le citoyen Durand Maillanne termine en
» disant :

» Cavaignac, (qui présidait alors la société populaire
» d'Auch, est accusé d'avoir partagé les sentiments de

» D..., soit en répondant à ses motions, soit en les met-
» tant aux voix.

» — HARDY (de la Seine-Inférieure) : D'après la lecture
» de ces pièces je demande l'arrestation de D....

» — QUELQUES VOIX : Et de Cavaignac.

» — REWBELL : Je ne vois là que des motions extrava-
» gantes, et qui ne méritent dès lors que le mépris.

» — BOURSAULT : Ce n'est point seulement une motion
» que la proposition qui tend à faire égorger une grande
» partie de la Convention ; c'est un projet criminel qui
» mérite d'être puni. Je demande l'arrestation.

» — CLAUSEL : Je ne prendrai pas la défense de D...
» parce qu'il me semble que personne ne peut la pren-
» dre ; mais c'est pour Cavaignac que je parlerai. Je sais
» qu'il présidait la société populaire d'Auch au moment
» où D... y fit des motions exécrables.

» Je sais que, s'il ne les a pas appuyées, il les a, au
» moins, mises aux voix sans les combattre ; mais repor-
» tons-nous au temps où cela s'est passé : nous gémis-
» sions alors sous la tyrannie de Robespierre, et D..., son
» lieutenant dans le Gers, n'aurait pas manqué de faire
» amener ici Cavaignac, pieds et poings liés, s'il avait osé
» s'opposer à ses propositions atroces. Il ne faut pas con-
» clure, de ce que Cavaignac les a mises aux voix, qu'il
» les ait approuvées : car tous les jours nous avons
» l'exemple que notre président est forcé, par les fonc-
» tions qu'il remplit, de mettre aux voix des motions qui
» peuvent n'être pas de son avis ; témoin notre collègue
» Vernier, dans la soirée du 1er prairial.

» On ne peut cependant élever aucun doute sur la pro-
» bité et les vertus de cet homme respectable.

» La probité et les mœurs de Cavaignac sont égale-
» ment connues : on se rappelle qu'il était en mission
» dans les départements de la ci-devant Bretagne, à l'é-

» poque du 31 mai, sitôt qu'il apprit la nouvelle de cette
» journée désastreuse, il fit une protestation qui fut ren-
» due publique : ce n'était point applaudir à la tyrannie
» ni en partager les actes que de protester contre celui
» qui la fondait. On sait, d'ailleurs, comment Cavaignac
» s'est conduit depuis le 9 thermidor, comment il s'est
» conduit dernièrement à l'armée du Rhin.

» — HARDY : Eh bien ! l'on ne demande que l'arresta-
» tion de D...

» REWBELL : Si D... a fait la motion d'égorger une
» partie de ses collègues, il n'y a pas de doute qu'il doit
» être arrêté provisoirement. Mais pour Cavaignac...

» — UN GRAND NOMBRE DE VOIX : On ne demande pas
» qu'il le soit.

» — DELMAS : Dans les journées des 1er, 2 et 3 prairial,
» Cavaignac a montré le plus grand courage : il ne m'a
» pas quitté, et il m'a parfaitement secondé dans les fonc-
» tions pénibles et délicates...

» — PLUSIEURS MEMBRES : Il ne s'agit pas de Cavaignac.

» — DUMONT (du Calvados) : Je voulais dire aussi pour
» Cavaignac...

» — UN GRAND NOMBRE DE MEMBRES : Il n'est pas ques-
» tion de lui. Aux voix l'arrestation de D...!

» — D... est décrété d'arrestation : les scellés seront
» apposés sur-le-champ sur ses papiers. »

» 2° Extrait du procès-verbal de la séance de la Con-
» vention nationale du 27 thermidor an III.

» LECOMTE : Je ne vois pas que le comité ait donné con-
» naisance de toutes les dénonciations qui ont été por-
» tées, et notamment de deux extrêmement fortes contre
» notre collègue Cavaignac, qui lui sont communes avec
» Pinet, pendant leur mission dans les Pyrénées.

» BOISSY D'ANGLAS, président : Je réclame la parole ; je
» veux m'opposer aux propositions de Thibaut et de Le-
» comte.

» A celle de Lecomte d'abord, parce que la dénonciation
» contre Cavaignac a été présentée à la Convention dans
» le premier rapport du comité, fait par Durand Mail-
» lanne, et que, sur cette dénonciation mal fondée, elle
» a passé à l'ordre du jour.... »

» 3° Lettre de M. Alexis Eymery, administrateur du
» *Mercure de France*, à Mme Cavaignac. (Cette lettre a été
» insérée au *Moniteur* du 27 septembre 1816).

« Paris, le 23 septembre 1816.

» Madame,

» Comme vous m'avez prouvé la fausseté de l'imputa-
» tion relative à M. de Labarrère et à sa fille, rapportée à
» l'article de monsieur votre mari dans la petite biogra-
» phie conventionnelle dont M. Baptistin de Moulières est
» l'auteur, et comme rien ne me semble plus juste que
» votre réclamation, je me suis hâté de faire rectifier cette
» erreur qui a été commise d'après des ouvrages impri-
» més antérieurement à celui de M. de Moulières.

» Si ma lettre peut vous être bonne à quelque chose,
» je consens volontiers à ce que vous la rendiez publique
» en la faisant imprimer dans les journaux.

» A. EYMERY. »

» (A l'époque où cette publication fut faite, il fallait
un certain courage pour se montrer juste envers un conventionnel.)

» En 1844, *la Quotidienne* reproduisit la même calomnie; mon frère Godefroy obtint la rétractation suivante :

« Dans un article de *la Quotidienne* du 21 maicourant (la
» rétractation est du 29), nous avons rappelé l'accusation
» élevée contre un membre de la convention, M. Cavai-
» gnac, d'avoir, dans le département des Landes, imposé
» le déshonneur à une fille comme le prix du salut de son
» père.

» M. Godefroy Cavaignac, fils du conventionnel, a vu,
» dans les deux dernières lignes de la note, une confir-
» mation personnellement donnée par nous au fait allé-
» gué. Nous nous étions bornés à rappeler ce fait, d'après
» une publication qui était restée inconnue à M. Cavai-
» gnac fils.

» M. Cavaignac a eu raison de compter sur notre
» loyauté, et nous déclarons avec plaisir que les explica-
» cations qui nous ont été données nous ont démontré, de
» la manière la plus complète, que cette accusation était
» dénuée de fondement. »

» Il est constant que Mlle Labarrère, qui, suivant les
biographes, *aurait disparu de Dax quelques jours après la
mort de son père, et qu'on n'y aurait jamais revue*, n'avait,
dans le fait, jamais quitté Dax. Elle y avait contracté un
mariage très-honorable, et, en 1835, le fils issu de cette
union, protestant par sa démarche contre une calomnie
qui avait frappé sa mère dans son repos intérieur, non
moins que mon père lui-même, vint offrir spontanément
à mon frère Godefroy le secours de sa parole, comme
avocat, dans le procès instruit devant la chambre des
pairs, et motiva cette offre de service sur le besoin de re-
pousser en commun une atroce imputation.

» *Le président du conseil, chargé du pouvoir exécutif,*

» LE GÉNÉRAL E. CAVAIGNAC. »

Au rédacteur du Moniteur.

« *Le Mémorial bordelais* a commis une grave erreur en insérant dans ses colonnes des faits inexacts sur une séance de la société populaire d'Auch, présidée par le représentant Cavaignac.

» Permettez-moi, monsieur le rédacteur, de rétablir la vérité ; voici les faits : D....., lieutenant, dans le Gers, de Robespierre, incendiait le département par l'exaltation de ses opinions et ses extravagantes motions. Mon proche parent, Laplaigne, représentant du Gers, de la ville d'Auch, et président à la Convention, du comité de législation, calmait D..., mais souvent sans succès. Laplagne avait quitté la Convention pour se rendre à Auch et venir en aide à M. Théran, mon grand-père et son proche parent, accusé de modérantisme. En ce moment arrive à Auch le représentant Cavaignac, en mission pour les Pyrénées ; lié de profonde amitié avec Laplaigne, il descendit chez lui, et le soir, les deux représentants se rendirent à la société populaire.

» La présidence fut donnée à Cavaignac. D... se livra à des propositions insensées, à des motions incendiaires. Les temps étaient bien difficiles ; Cavaignac désapprouvait, mais se trouvait obligé de mettre aux voix ; ce fut même dans cette séance qu'un citoyen apporta à la barre une dénonciation contre M. de Laroche, ancien garde du corps, habitant le village où sont mes propriétés ; cette dénonciation fit tomber plus tard, sur la place d'Auch, la tête de l'infortuné garde du corps.

» Cavaignac, au sortir de cette infernale séance, se rendit avec Laplaigne chez D.... Tous les efforts furent faits pour détruire cette dénonciation ; ne pouvant réussir, Laplaigne et Cavaignac s'emportèrent contre D.... — Ca-

vaignac surtout s'écria : «Malheureux ! comment veux-tu
» qu'à l'avenir je vienne fouler de mes pieds une terre
» arrosée par toi du sang d'innocentes victimes? » D...
s'emporta à son tour, et s'adressant aux deux représentants, leur dit ces paroles : « Ne me forcez pas à faire
» mon devoir, car j'en écrirais à Paris. »

» Quelques jours avant l'exécution, Cavaignac revint
des Landes à Auch pour tenter de sauver la victime ; ses
efforts échouèrent; la hache du bourreau fit tomber la tête
innocente de Laroche sur la place publique d'Auch ! Je
tiens ces renseignements du vertueux Laplaigne, qui
vingt fois me les raconta durant ma jeunesse et mon âge
mûr. Au besoin, je pense trouver dans ses papiers les
preuves de la vérité de ces faits.

» Ainsi, Cavaignac n'approuva jamais les propositions
atroces faites par D... à la société populaire d'Auch.

» Recevez, monsieur le rédacteur, l'assurance de ma
parfaite considération. »

» AD. AIGUEBELL, avocat. »

DEUXIÈME PARTIE.

.... Oui... si enracinés dans l'âme humaine
sont les faux principes, — si rapide est chez l'homme
l'oubli des bienfaits, qu'une fois le danger passé, il perd
la mémoire en même temps que le sentiment de la plus
simple justice et de la plus légitime reconnaissance. Aujourd'hui l'insurrection est morte, grâce à des prodiges
de fermeté déployée par celui-là même dont vous venez de

lire la défense, et la confiance elle-même, cette sultane si récalcitrante, renaît à peine, que déjà les thuriféraires les plus enthousiastes du général se livrent de la sorte aux jongleries des plus incroyables revirements. Ah ! que nous sommes loin, nous, les civilisés du XIX⁰ siècle, nous les fiers enfants de la première nation de l'univers, que nous sommes loin de ressembler à ces austères Romains qui, pour récompenser les vertus civiques de leurs grands hommes, ne trouvaient pas que c'était trop que de leur décerner un brevet d'immortalité ! Franchement, le spectacle d'une si noire ingratitude doit profondément attrister tout ce qui sent battre un cœur honnête dans sa poitrine... Et vraiment, en agissant ainsi, avec une aussi déplorable inconséquence, — inconséquence, nous l'accordons, — on a sans doute oublié que l'Europe a les yeux sur nous, qu'elle suit avec une avide curiosité chacun de nos mouvements, et que, spectatrice d'autant plus sévère qu'elle est intéressée, elle se charge de consigner dans les annales de la postérité les faits et gestes de notre Révolution !

De grâce, donc, ayez un peu de pudeur, ô vous, Messieurs du *Mémorial Bordelais*, de *l'Evénement* et de *la Presse*, surtout ! Et vous tous aussi, les ingrats de tous les temps, — si ce n'est pour vous, que ce soit du moins pour la France dont vous êtes les fils ; pour l'Europe, dont vous êtes les tributaires ; pour la civilisation, dont vous devez être les propagateurs ! Est-ce donc que le chef du pouvoir exécutif que vous avez élevé sur le pavois et dont vous avez fait votre idole, a démérité de votre estime ? Ou plutôt ne vous seriez-vous groupés un instant autour de lui que par couardise, et parce que vous trembliez alors pour les misérables suggestions de l'égoïsme impur et des appétits grossiers d'une horde affamée ?

Écoutez :

De même qu'il faut se placer à une certaine distance pour bien juger l'effet d'un tableau, de même il faut laisser écouler un certain laps de temps pour bien apprécier les événements politiques d'une grande nation. Aussi n'essaierons-nous point d'apprécier aujourd'hui à leur juste valeur (en pénétrant plus avant dans l'étude des hommes et des choses) les transformations politiques et successives de ces derniers temps.

Mais on a assez diversement étudié, discuté, jugé les faits accomplis depuis trois mois, pour qu'il nous soit permis d'essayer de répondre par des faits aux quelques insinuations perfides de ces hommes qui se croient historiographes parce qu'ils écrivent l'histoire en suivant le *criterium* étroit et intéressé de l'esprit de parti. Les uns, ceux-là surtout qui se piquent d'appartenir à la classe plus que clairsemée des républicains de la veille, accusent le Gouvernement actuel d'être allé au delà des limites du droit absolu et d'avoir outre-passé les pouvoirs qui lui avaient été conférés, — les autres, les conservateurs, pensent au contraire que ce gouvernement n'a pas assez fait dans l'intérêt de l'orde menacé, et qu'architecte insuffisant, il n'a pas assez solidement étayé les bases de l'édifice social. — Nous croyons, nous, que ni les uns ni les autres ne sont demeurés dans le vrai, et que leur opinion est également entachée d'exagération. En effet, examinons rapidement la situation depuis le 23 juin.

Paris, c'est-à-dire le grand centralisateur, sur lequel pivotent les plus chers intérêts de la France, et dans le sein duquel se concentrent l'esprit et les tendances de trente-quatre millions d'âmes ; Paris, l'immense foyer de la civilisation, est tout à coup livré à toutes les horreurs de la guerre civile. — Pendant quatre mortelles journées, les places publiques, les rues et les maisons sont converties en champs de bataille, en arsenaux et en forteresses. Des hordes barbares qui rappellent, par leur sang-froid et leur férocité, les Suèves et les Visigoths, descendent armés de sabres, de piques et de fusils, dans les carrefours, et, abrités par de formidables barricades, ils vont égorger des Français, leurs frères, au nom des plus subversives doctrines. Or, je vous le demande, à cette heure funèbre où la Babylone moderne, à deux doigts de sa destruction, était menacée du sort de son antique devancière, de quelles sanglantes angoisses les hommes honnêtes n'étaient-ils pas circonvenus, et à quelle crise imminente, immense, irréparable, n'étions-nous pas exposés? Que faire? que devenir?

C'est ici, qu'en historiographe sincère, il nous faut rendre un loyal hommage à la vérité, et prononcer en dehors de tout esprit de parti, sans influence, comme sans arrière-pensée.

Car enfin, supposons un instant Paris vaincu par l'insurrection. — Admettons que notre brave armée, si admirablement secondée par la garde nationale et par la garde mobile; cette héroïque phalange d'enfants à peine émancipés, ait succombé dans la lutte..... Que serait-il advenu? A quoi bon répondre? La pensée honnête ne l'a-t-elle pas fait d'avance? Il est de ces choses tellement navrantes à raconter, de ces tableaux tellement horribles à peindre, qu'il vaut mieux se taire pour ne point parler, et s'abstenir pour ne pas voir.

Or donc, si une grande victoire morale et physique s'est accomplie en juin, car c'est une victoire immense, savez-vous bien, que cette victoire si chèrement achetée de l'ordre sur la destruction, à qui la devons-nous? Au général Cavaignac, à cette âme honnête et ferme, énergique et loyale que vos voix cherchent lâchement à accuser aujourd'hui.....

Loin de vous donc, accusateurs, cette ingratitude ou-

verte qui se glisse, comme une hideuse et rampante vi-
père, cette calomnie hypocrite et lâche..... Il y a deux
manières de combattre son ennemi — face à face ou dans
l'ombre.... Ce n'était pas assez que d'attaquer le général
dans sa vie politique, ce n'était pas assez que de répondre
aux actes de l'homme d'État par la malveillance et la dé-
fection, il fallait encore l'attaquer dans sa vie privée, s'en
prendre à ses plus chères affections de famille, et cou-
vrir d'une bave immonde le souvenir vénéré de son vieux
père.

Comme on l'a lu tout d'abord au début de ce livre,
la réponse du général, insérée au *Moniteur*, est nette et
catégorique.... Elle confond l'imposture et ne laisse plus
de doute sur les intentions viles des odieux détracteurs
du conventionnel Cavaignac. Mais ce qu'il y a peut-être
de plus curieux et de plus misérable à tout ceci, c'est que
l'on prétend que c'est aux royalistes qu'il faut s'en prendre de ces lâches imputations, et qu'à eux seuls revient
tout le mérite de ces bruits qu'ils ont tant intérêt à ré-
pandre et à accréditer... dit-on.... Bonnes âmes ! nous
avions cru jusqu'à ce jour les Républicains austères, in-
capables de pactiser avec Loyola !

Non, messieurs, ce n'est pas *nous* qui sommes les ingrats, ce n'est pas nous qui désertons le lendemain un
chef qui nous a préservés de la destruction, ce n'est pas
nous qui, pour attirer le mépris et la réprobation sur le
fils, insultons bassement au souvenir du père.... c'est
vous ! Mais assez de cela, car, grâce à Dieu, les ingrats,
les calomniateurs, les sycophantes, cette fois, sont la mi-
norité.... Les hommes de cœur, quelle que soit leur con-
viction, à quelque parti qu'ils appartiennent, savent à
quoi s'en tenir sur le compte du général — ils lui prê-
teront aide et assistance dans l'accomplissement de la
tâche qu'il s'est imposée, persuadés qu'il ne faillira pas

à la gravité du mandat providentiel dont nous l'avons investi, et ils lui crieront avec moi :

« Courage ! général, allez toujours, continuez ainsi à marcher la tête haute dans la voie brillante de l'avenir jusqu'à ce que Dieu vous crie à son tour : Arrêtez ! c'est à moi, maintenant !

Et pour défendre aussi le général de l'accusation insidieusement portée contre lui depuis quelque temps, de n'être qu'un *homme de sabre*, nous répondrons qu'avant tout, *Eugène Cavaignac* est un homme de bon sens, et qu'un ouvrage intitulé : *De la régence d'Alger*, prouve victorieusement que le chef du pouvoir exécutif porte également en lui trois choses souveraines : *la parole, la plume* et *l'épée !*

Honnêtes gens, ralliez-vous donc franchement à lui.... il n'est que temps encore à cette heure où le résultat des dernières élections leurre d'un faux espoir les croyants en M. Cabet ! — Insensés ! l'excès de la misère et du désespoir seuls vous excusent de votre égarement !

Et toi, peuple.... peuple que l'on égare, ne crois pas, comme on le prétend, aux idées d'absolutisme et d'ambition que l'on prête au général, au général qui t'a sauvé de l'hôpital et de la honte ; car il comprend mieux que personne les limites de ses pouvoirs, et de lui-même il te les rendra bientôt dès qu'il aura vu tes pas s'engager dans la vraie voie du progrès et qu'il aura pu t'assurer le foyer de la paix pour le rude hiver qui se prépare !

Ensemble, aidons-le donc à poursuivre sa noble tâche avec zèle et dévouement, ainsi qu'il convient à un homme qui a si noblement débuté.

Il veille au salut de la patrie, que la patrie veille sur lui !

L'énergie, l'habileté et la droiture de ses actes ne se démentiront pas un seul instant. — En consolidant les liens internationaux et de bonne réciprocité qui nous unissent aux puissances étrangères, il saura raffermir les bases chancelantes du crédit à l'intérieur et évoquer le retour à la confiance.

Peuple, espoir ! votre chef veille avec une paternelle sollicitude sur tout ce qui souffre, sur tout ce qui gémit, sur tout ce qui attend, et jetant un regard de pitié sur les âmes égarées de l'insurrection, il laissera bientôt tomber de ses lèvres quelques paroles de conciliation, et de son cœur quelque généreux pardon !

Et à toi, peuple, vaste communion de travailleurs courbés, blanchis, exténués par le labeur, les veilles et les privations, ne te dit-il pas tous les jours : « Frères ! voici du travail pour tes bras, de l'instruction pour ton intelligence, du pain pour ta femme et tes petits enfants ! attends ! » — Et à vous, riches, nobles, ne répète-t-il point sans cesse : « Suivez-moi dans le sentier que je me suis tracé, surveillez mes actes, observez ma conduite, et voyez si je fais mon devoir.. .. Comme moi, soyez bons pour le malheureux, tendez une main fraternelle aux faibles, appelez à vous les enfants perdus de la société; en échange du travail que l'homme de labeur vous offrira, octroyez-leur une part de ces trésors que le bon Dieu vous a départis ! »

Quant à vous, bourgeois, ô vous les parvenus de la petite propriété, soyez sans crainte aussi et fiez-vous au général, pourvu du moins que vous vous préoccupiez moins de vous élever à la hauteur des grands seigneurs que de vous abaisser au niveau du pauvre; songez bien que depuis 1830 vous êtes le point d'intersection entre les grands et les petits.—Cherchez donc, par de sages efforts, à combler la distance qui les sépare, et alors vous aurez véritablement contribué à résoudre le problème sublime de la Liberté, de l'Égalité, de la Fraternité ! Sur-

tout ne vous laissez pas influencer par les fausses prédi-
cations des alarmistes; faites ainsi que je vons le dis, et
nul ne songera à vous troubler au milieu des jouissances
de vos petites individualités, nul ne sera assez osé pour
détériorer vos meubles d'acajou ou pour vous refuser le
paiement de vos locations, et il ne sc trouvera pas un
seul Proudhon pour vous contester la légitimité de vos
propriétés......

— Or, quoiqu'il advienne, Général... continuez ainsi
que vous avez commencé... L'histoire sera là pour redire
un jour que cette belle France que nous vous avons
remise toute palpitante des déchirements de la guerre
civile, vous l'avez rendue intacte et pure, aux mains de
la postérité. Déjà, ces mots ne sont-ils point tracés en
caractères ineffaçables au fronton de votre gloire :

Le général Cavaignac a bien mérité de la patrie.

RAFAËL PELEZ.

ASSEMBLÉE NATIONALE.

Séance du 22 septembre 1848.

« L'ordre du jour motivé, par lequel l'Assemblée déclare
continuer au Gouvernement *sa pleine confiance,* a été adopté
à l'unanimité, moins un dixaine de membres siégeant sur
la montagne.

» Nous souhaitons que le gouvernement puise dans
l'unanimité de ce vote la force nouvelle dont il a besoin
pour protéger la société contre les manœuvres des partis
anarchiques. Cette force, pour être utile à la France, doit
être au service d'une politique d'initiative intelligente,
d'activité et de prévoyance, sans faiblesse et sans exclu-
sion ! »

(*La Patrie,* du 23 septembre 1848.)

Paris. — Imprimerie DONDEY-DUPRÉ, rue Saint-Louis, 46, au Marais.